Inhalt

Die Novellierung des deutschen Gentechnikgesetzes

Kernthesen

Beitrag

Fallbeispiele

Weiterführende Literatur

Impressum

Die Novellierung des deutschen Gentechnikgesetzes

I.Zeilhofer-Ficker

Kernthesen

- Diverse bindende EU-Verordnungen zum Thema gentechnisch veränderte Organismen (GVO) haben eine Änderung des deutschen Gentechnikgesetzes notwendig gemacht.
- Die vom Verbraucherministerium vorgeschlagene Novellierung wurde vom Bundesrat zurückgewiesen und wird nun im Vermittlungsausschuss bearbeitet.
- In der Novelle werden Zuständigkeiten definiert, Bußgelder und Strafmaß gegen Verstöße festgelegt und in der Hauptsache

Regelungen zum Anbau von GVO sowie den daraus entstehenden Haftungsfragen getroffen.
- Das Gesetz soll sicherstellen, dass sowohl dem Verbraucher als auch den Bauern eine Wahlfreiheit für oder gegen GVO erhalten bleibt.
- GVO anbauende Bauern sollen strikten Anbauvorschriften unterworfen werden, die unerwünschte Auskreuzungen so weit als möglich vermeiden (Vorsorgepflicht).
- Bauern, die GVO anbauen, sollen gesamtschuldnerisch für eventuelle wesentliche Beeinträchtigungen von Nachbarbauern haftbar sein.

Beitrag

EU-Vorschriften machen Novellierung des deutschen Gentechnikgesetzes notwendig

Obwohl gentechnisch veränderte Produkte vor allem im pharmazeutischen Bereich längst unverzichtbar geworden sind, bleibt deren Einsatz im Nahrungsmittelbereich heftig umstritten. Für neuen

Zündstoff in der Gentechnik-Diskussion sorgen die im April 2004 in Kraft tretenden EU-Verordnungen zur Zulassung und Kennzeichnung von GVO in Nahrungs- und Futtermitteln sowie das daraus folgende Ende des europäischen Moratoriums für GVO-Neuzulassungen. (1)

Den Mitgliedsländern überlassen, blieb die Regelung des Anbaus von GVO sowie daraus entstehende Haftungsfragen. Die vom Bundesministerium für Verbraucherschutz, Ernährung und Landwirtschaft vorgelegte Novelle des deutschen Gentechnikgesetzes soll diese Lücken schließen. Erklärtes Ziel des Bundesministeriums ist es, mit diesem Gesetz die Wahlfreiheit für oder gegen gentechnisch veränderte Produkte für den Verbraucher aber auch für Landwirte sicherzustellen. (1), (www.Verbraucherministerium.de)

Der Änderungsvorschlag des Ministeriums wurde am 2. April 2004 vom Bundesrat zurückgewiesen und muss nun im Vermittlungsausschuss bearbeitet werden. Änderungen in Einzelfragen sind daher wahrscheinlich. (20)

Der Gesetzesentwurf

Umsetzung der EU-Verordnungen zur Zulassung und Kennzeichnung

Der Gesetzesentwurf übernimmt die bindenden Vorschriften der EU-Verordnungen über die Zulassung und Kennzeichnung von GVO. Für die Durchführung zuständig ist das Bundesamt für Lebensmittelsicherheit sowie die entsprechenden Landesbehörden (siehe auch Knowledge-Summary "Zulassung und Kennzeichnung von gentechnisch veränderten Organismen (GVO)" vom April 04). (2)

Bußgelder und Haftstrafen

Für Verstöße gegen die Regelungen des Gentechnikgesetzes sind künftig Bußgelder bis zu 50 000 EUR vorgesehen. Für den Vertrieb von GVO ohne Zulassung sind sogar Haftstrafen bis zu drei Jahren möglich, entsteht dadurch Gefahr für "Leib oder Leben, fremde Sachen von bedeutendem Wert oder bedeutenden ökologischen Naturreservaten" kann das Strafmaß sogar auf fünf Jahre erhöht werden. (3)

Anbau von GVO

Durch EU-Recht ist ein komplettes Anbauverbot von GVO in einem Mitgliedsland ausgeschlossen. Die Vorschriften für die Grüne Gentechnik sollen aber gewährleisten, dass die gentechnikfreie Landwirtschaft geschützt wird. Denn nur wenn ein Anbau ohne Gentech-Auskreuzungen aus Nachbarfeldern weiterhin gesichert ist, wird der Verbraucher auch künftig frei zwischen gentechnisch veränderten und gentechnikfreien Produkten wählen können. (4)

Die Novelle unterwirft GVO-anbauende Landwirte der **Vorsorgepflicht**, d. h. es muss so angebaut werden, dass "wesentliche Beeinträchtigungen" von Nachbarfeldern vermieden werden. Wie diese Vorsorgepflicht konkret auszusehen hat, wird zurzeit in einer Rechtsverordnung zur "guten, fachlichen Praxis" für den GVO-Anbau niedergeschrieben. Schutzmaßnahmen wie Mindestabstände, Schutzhecken usw. werden darin enthalten sein. Außerdem muss der Landwirt nachweisen, dass er über die entsprechenden Kenntnisse, Fertigkeiten, Ausstattung und Zuverlässigkeit zum Umgang mit GVO verfügt. (5), (6), (www.Verbraucherministerium.de)

Verboten werden soll die Pflanzung von GVO, wenn dadurch "ökologisch sensible Gebiete" gefährdet würden. Bei jedem Genehmigungsverfahren für den GVO-Anbau muss künftig deshalb auch die zuständige Naturschutzbehörde gehört werden. (5)

Zur leichteren Umsetzung eventueller Haftungsansprüche wird ein **Standortregister** im Internet geschaffen, zu dem jeder Zugriff haben soll. (6)

Die Risiken von GVO will man durch kontinuierliches Monitoring im Auge behalten. Sollten Gefahren für Mensch, Tier oder Umwelt festgestellt werden, können GVO-Genehmigungen jederzeit zurückgezogen werden. (6)

Haftungsregelungen

In der Gesetzesvorlage ist die gesamtschuldnerische Haftung von GVO-Anbauern für "wesentliche Beeinträchtigungen" von Nachbarfeldern festgeschrieben. Im Detail heißt das, ein Bauer, der in seiner Ernte GVO-Verunreinigungen findet, die ihn zur GVO-Kennzeichnung zwingen, oder die verhindern, dass er seine Produkte als gentechnikfreie oder Bio-Produkte verkaufen darf, hat das Recht, sich den daraus entstandenen Schaden von einem der umliegenden GVO-Landwirte ersetzen zu lassen. Dabei muss er nicht beweisen, dass der Schaden von genau diesem Bauern verursacht wurde. (7), (www.Verbraucherministerium.de)

Saatgut-Grenzwerte

Da sich die EU-Mitgliedsländer nicht auf den Vorschlag der EU einigen konnten, ist immer noch offen, welche Grenzwerte für Verunreinigungen im Saatgut gelten werden. Auf der einen Seite wird ein Grenzwert an der Nachweisgrenze gefordert, demgegenüber liegen Vorschläge von tolerierbaren Verunreinigungen von 0,3 bis 0,5 Prozent vor. Da eine entsprechende EU-Resolution keine bindende Wirkung haben wird, bleibt die Entscheidung letztlich den Bundesbehörden überlassen. (13)

Die Novelle in der Kritik

Genauso umstritten wie die Gentechnik als solche, ist die jetzige Gesetzesnovelle. Während Umwelt- und Verbraucherschutzorganisationen meinen, die gentechnikfreie Landwirtschaft werde dadurch nicht ausreichend geschützt, sind Bauernverbände, Wissenschaftler, die Biotechnologiefirmen und Politiker in der Länderkammer der Ansicht, das mögliche Strafmaß, die Haftungsregelung sowie die Anbau- und Genehmigungsvorschriften würden GVO in der Bundesrepublik keine Chance lassen. (8), (9), (11)

Da wegen der rigiden Haftungsregeln auch keine Versicherung bereit ist, das Risiko für die Schäden zu übernehmen, dürften tatsächlich nur wenige Landwirte zum GVO-Anbau übergehen. Die wenigen, die sich doch dafür entscheiden, sollten sicher stellen, dass sie das Haftungsrisiko vertraglich an den Saatgutlieferanten weitergeben. (8), (12)

Aber selbst wenn es künftig nur wenige GVO-Felder geben sollte, so befürchtet auch die konventionelle Landwirtschaft und vor allem die Bio-Bauern zusätzliche Kosten für aufwendige Untersuchungen ihrer Produkte, um unabsichtliche Verunreinigungen festzustellen. Diese Kosten hofft man vermeiden zu können, indem regional "gentechnikfreie Zonen" geschaffen werden. Überall in der Bundesrepublik schließen sich Landwirte zusammen, die freiwillig auf den Anbau von GVO verzichten. (10), (12)

Offene Punkte

- Saatgut-Grenzwerte.
- Europaweit einheitliche Standards für Probenentnahme und Analyse.
- Zusätzlicher Personalbedarf bei den Kontrollbehörden.

Fallbeispiele

Es besteht kein Zweifel daran, dass die EU-Kommission im Frühsommer 2004 die Maissorte BT11 des Unternehmens Syngenta zulassen wird. Das wäre dann der erste GVO, der nach dem fünfjährigen De-facto-Moratorium der EU wieder zugelassen würde. Als nächstes Produkt steht der Mais NK603 von Monsanto auf der Zulassungsliste von ca. 30 Produkten, für die ein Zulassungsantrag vorliegt. (18)

Eine Simulationsrechnung zum Anbau von gentechnisch verändertem Raps hat ergeben, dass bei einem einmaligem Anbau von GV-Raps in Extremfällen noch bis zu 15 Jahre lang GV-Verunreinigungen über dem Schwellenwert von 0,9

Prozent auftreten können, auch wenn anschließend nur noch konventioneller Raps angebaut wird. Eine Entscheidung für den Anbau von GV-Raps sollte also gut durchdacht sein. (19)

Weiterführende Literatur

(1) Beschluss im Bundeskabinett - Künast will konventionelle Landwirtschaft vor Gentechnik schützen Neues Gesetz zum Anbau von Gen-Pflanzen aus Die Welt, Jg. 59, 12.02.2004, Nr. 36, S. 4

(2) Bundesländerinteressen sind nicht berücksichtigt aus Lebensmittel Zeitung 08 vom 20.02.2004 Seite 036

(3) Strafen für Gentechnik-Verstöße
aus Lebensmittel Zeitung 11 vom 12.03.2004 Seite 036

(4) Künast sieht bei Gentechnik Ende der Ja-Nein-Debatte
aus Ernährungsdienst 04 vom 17.01.2004 Seite 001

(5) Uhlmann, Steffen, Gen-Bauern müssen haften, Süddeutsche Zeitung, 12.02.2004, Ausgabe Deutschland, S. 5
aus Ernährungsdienst 04 vom 17.01.2004 Seite 001

(6) Vorsorgepflicht für GVO-Anbauer
aus Ernährungsdienst 12 vom 14.02.2004 Seite 001

(7) Haftung für Auskreuzung auf Nachbarflächen

aus Ernährungsdienst 03 vom 14.01.2004 Seite 001

(8) Kritiker prophezeihen schwere Konflikte Diskussionsveranstaltung zum Thema "grüne Gentechnik" im Bürgerhaus / Genauere Untersuchungen angemahnt
aus Frankfurter Rundschau v. 27.03.2004, S.36, Ausgabe: R Region

(9) Prügel von Bioforschern
aus Labor Praxis Nr. 03 vom 08.03.2004 Seite 003

(10) Biobauern fürchten Gentechnik In Köln debattierten Gegner und Befürworter der Gentechnik in der Landwirtschaft mit Umweltministerin Höhn. Die Diskussion war hitzig - als die grüne Ministerin bereits weg war
aus taz NRW, 24.03.2004, S. 3

(11) Keine Wahl auf dem Acker Grüne Kritik an Unionsplänen
aus Frankfurter Rundschau v. 30.03.2004, S.4, Ausgabe: S Stadt

(12) Nachbesserung des Gentechnikgesetzes gefordert
aus Ernährungsdienst 10 vom 07.02.2004 Seite 002

(13) Parlament für EU-weite Regeln zur Koexistenz
aus Ernährungsdienst 94 vom 06.12.2003 Seite 001

(14) Weiter steigende Anbaufläche von Biotech Pflanzen Acreage for biotech plants continues to grow

aus Kraftfutter Nr. 1-2 vom 12.02.2004 Seite 005

(15) Diskussion über die Visionen der Biotechnologie
Kann die Gentechnik Fettleibigkeit einfach abschalten?
aus Die Welt, Jg. 59, 16.03.2004, Nr. 64, S. 31

(16) Koexistenzvorstoß droht das Aus
aus Ernährungsdienst 93 vom 03.12.2003 Seite 002

(17) Die EU versucht den Kurswechsel in der grünen Gentechnik
aus Frankfurter Allgemeine Zeitung, 09.12.2003, Nr. 286, S. 21

(18) Prodi begrüßt Gen-Mais
aus Lebensmittel Zeitung 05 vom 30.01.2004 Seite 036

(19) GV-Rapsanbau hat über Jahre Konsequenzen
aus Ernährungsdienst 99 vom 24.12.2003 Seite 003

(20) Hoffmann, Andreas, Bundesrat stoppt rot-grüne Gesetzte, Süddeutsche Zeitung, 03.04.2004, Ausgabe Deutschland, S. 5
aus Ernährungsdienst 99 vom 24.12.2003 Seite 003

Impressum

Die Novellierung des deutschen Gentechnikgesetzes

Bibliografische Information der deutschen Nationalbibliothek

Die Deutsche Nationalbibliothek verzeichnet diese Publikation in der deutschen Nationalbibliografie; detaillierte bibliografische Daten sind im Internet über http://dnb.d-nb.de abrufbar.

ISBN: 978-3-7379-1440-6

© 2015 GBI-Genios Deutsche Wirtschaftsdatenbank GmbH, Freischützstraße 96, 81927 München, www.genios.de

Alle Rechte vorbehalten. Dieses Werk ist einschließlich aller seiner Teile – z.B. Texte, Tabellen und Grafiken - urheberrechtlich geschützt. Jede Verwertung außerhalb der Grenzen des Urheberrechtsgesetzes bedarf der vorherigen Zustimmung des Verlags. Dies gilt insbesondere auch für auszugsweise Nachdrucke, fotomechanische Vervielfältigungen (Fotokopie/Mikroskopie), Übersetzungen, Auswertungen durch Datenbanken oder ähnliche Einrichtungen und die Einspeicherung und Verarbeitung in elektronischen Systemen.